Detlef Heublein

Nektar des Lebens

Heitere und ernste Gedichte

Foto: Sascha Kunka

Bei dem vorliegenden Gedichteband „Nektar des Lebens" handelt es sich um eine Neuauflage des Bandes gleichen Namens, der bereits im Jahr 2008 beim WDS-Verlag erschien. Der Gedichteband war nicht mehr lieferbar, da der WDS-Verlag seit einiger Zeit nicht mehr existiert.

Auf Grund von Nachfragen zu dem Gedichteband habe ich mich entschlossen, den Band beim BOD erneut zu veröffentlichen.

Vielen Dank für das Interesse an diesem Gedichteband. Ich wünsche allen Lesern weiterhin viel Spaß beim Lesen.

Detlef Heublein

Nektar des Lebens

Heitere und ernste Gedichte

Bibliografische Information der Deutschen Nationalbibliothek:
Die Deutsche Nationalbibliothek verzeichnet diese Publikation in der Deutschen Nationalbibliografie; detaillierte bibliografische Daten sind im Internet über http://dnb.dnb.de abrufbar.

© 2016 Detlef Heublein

Foto: **Sascha Kunka**

Herstellung und Verlag: BoD – Books on Demand, Norderstedt

*ISBN: 978-3-7431-**4261-9***

Mit Humor geht alles besser ...

.....möglichst mit diesem Buch, das war mein Wunsch. Nun halte ich das Buch in meinen Händen und kann mich mitnehmen lassen auf eine humoristische Reise durch das tägliche Leben. Der Autor Detlef Heublein versteht es vortrefflich, den Leser geschickt auf Geschehnisse hinzuweisen, die man oftmals im Alltag gerne übersieht. Er macht das nicht mit dem erhobenen Zeigefinger, sondern mit psychologischem Gespür, das an Sensibilität, Kraft, Dynamik und Ehrlichkeit nicht zu übertreffen ist.
Jedes Wort ist ein Produkt seiner Überzeugung.
Jede Zeile ist authentisch und voller Lebendigkeit.
Es ist nicht nur ein Buch.
Es ist ein wesentlicher Beitrag zur Besinnung auf die Werte, die wir pflegen und hegen sollten.
Der liebevolle und zärtliche Umgang mit der Muttersprache.

Dieses Buch ist ein Beweis für sprachliches Feingefühl. Ich wünsche dem Autor, den ich persönlich kenne und schätze, weitere kreative Schaffenskraft..

Ich wünsche dem Buch seinen verdienten Erfolg.

Bernd Rosarius

August 2008

Verlust und Ertrag

Einen Höhepunkt im Leben
bringt dir jeder neue Tag.
Er kann dir so vieles geben,
an Verlust oder Ertrag.

Wie du täglich dich entfaltest
mit Gefühl und mit Verstand,
Wie du diesen Tag gestaltest,
liegt allein in deiner Hand.

Dein guter Wegbegleiter

Ich bin dein guter Wegbegleiter
und mache dich sehr gerne heiter.
Bist du mal wirklich nicht gut drauf,
dann richte ich dich wieder auf.

Bin sehr beliebt bei Alt und Jung
und bringe dich auch oft in Schwung.
Deshalb kann ich nicht ganz verstehen,
dass manche mich nicht so gern sehen.

Dabei bring ich doch Fröhlichkeit,
vertreibe dir die Bitterkeit,
die dir sehr oft Verzweiflung bringt,
dich hindert, dass Erfolg gelingt.

Helf dir in allen Lebenslagen,
befreie dich von deinen Klagen,
zeig dir die Schönheit dieser Welt
und freu mich, wenn sie dir gefällt.

Ich halte mich auch mal zurück
bei Trauer, bei zerstörtem Glück,
doch statt den Lebensmut zu senken,
solltest du mir Vertrauen schenken.

Ich fordere auch meinen Lohn,
als solcher reicht dein Lachen schon.
Geld will ich nicht, bin auch kein Tor.
Ich bin dein Freund und heiß' Humor.

Geld wird abgeschafft

Ihr könnt es mir glauben, es ist wahr,
das Geld wird abgeschafft.
Für mich ist das ganz sonnenklar
und es gibt mir auch wieder Kraft.

Denn denke ich an die Millionen,
die sind dann plötzlich nichts mehr wert.
Geldraub wird sich nicht mehr lohnen.
Kein Geldtresor wird mehr geleert.

Die vielen Banken machen dicht,
denn die braucht dann keiner mehr.
Vermissen werde ich sie nicht,
mein Konto ist dort jetzt schon leer.

Menschen kann man nicht mehr kaufen,
zumindest nicht mit Geld und Scheck.
Auch wenn sie sich die Haare raufen
Bestechung hat dann keinen Zweck.

Kein Staat, der aus den Taschen zieht
das oft so schwer verdiente Geld.
Verschwinden wird auch das alte Lied,
dass nur die Finanzen regieren die Welt.

Geld wird abgeschafft, sage ich heute.
Daran zu glauben ist nicht schwer,
ich kenne jetzt schon Leute,
die haben kein Geld mehr.

Augen

Die Augen sind was Wunderbares.
Sie zeigen uns so vieles Wahres,
wenn wir auch das Gehirn einschalten,
um das Geseh 'ne festzuhalten.

Wir werten das Erkannte aus
und lernen schließlich auch daraus.
Es nützt nichts, wenn wir es nur sehn,
wir müssen es ja auch verstehn.

Es gibt auch manche große Augen,
die trotzdem nicht zum Sehen taugen,
weil sie an andrer Position
und gänzlich ohne Sichtfunktion.

Ich sage euch ganz ohne Flachsen,
dass manche auch an Füßen wachsen.
Mit denen kann man gar nichts sehen,
man muss sogar auf ihnen gehen.

Als Hühneraugen auch bekannt
sind sie verbreitet hier im Land,
und wem sie nicht so richtig passen,
der kann sie sich entfernen lassen.

Brückenbauer

Ich baue täglich neue Brücken,
die eure Schritte zu mir lenken.
Ich baue sie aus freien Stücken,
will Freude und auch Hoffnung schenken.

Als Brückenpfeiler diener hier
Metalle, die der Alltag zeugt.
Sehr wichtig ist die Stärke mir,
damit die Brücke sich nicht beugt.

Die Bohlen kann stabil ich nennen,
sind aus Erfahrungen bereitet,
von denen wir uns niemals trennen,
dass man vertrauend drüberschreitet.

Geländer aus Freundschaft und Liebe gebaut
zum Festhalten stehen sie bereit.
Auch wenn man oft nach vorn nur schaut,
sie geben trotzdem Sicherheit.

Doch wirkte kalt der Bau jetzt nur,
würde es ihm an Farbe fehlen.
Die frohe Farbe aus Humor
werd ich für diese Brücke wählen.

So bau ich jeden Tag eine Brücke
aus Ernst und Spaß und aus Vertrauen.
Hat sie auch manchmal ihre Tücke,
ich arbeite dran, sie noch besser zu bauen.

Der Winter

Des Winters allerschönste Zeit
ging lange schon ins Land,
als hell erstrahlt in Herrlichkeit
der Weihnachtsbaum noch stand.

Gezählt sind seine Tage,
doch möchte er noch bleiben.
Er lässt sich – ohne Frage,
nicht wirklich gern vertreiben.

Mit Hagelschauern und mit Speeren
aus Eis und Schnee und kaltem Wind
versucht er noch, sich dort zu wehren,
wo schon des Frühlings Boten sind.

So sehr er sich auch wehren mag,
es wird ihm nicht viel nützen.
Nicht weit entfernt ist jener Tag,
wo wir im Grünen sitzen.

Blitzeis-Warnung

Manch Autofahrer kommt ins Schwitzen,
sieht plötzlich er von rechts ein Blitzen.
Und wen die Kamera erfasst,
bekommt ein Bußgeld schnell verpasst.

Die Kamera ist oft versteckt,
damit man sie nicht gleich entdeckt.
Sogar das Eis dient jetzt zur Tarnung,
drum gab es eine Blitzeiswarnung.

Der Jäger

Ich jage Tiere, denn ich habe meine Freude dran,
wenn immer es die Chance gibt, bin ich da
und schieße, was mir niemand je verbieten kann,
sehr gute Bilder mit der Kamera.

Ich kann nicht klagen

Ich kann nicht klagen, das ist schlecht.
Das ist mir überhaupt nicht recht.
Du kannst vielleicht das nicht verstehen
und meinst, es müsste gut mir gehen.

Es soll auch wirklich Leute geben,
die jammern fast das ganze Leben.
Sie klagen jedem gern ihr Leid.
Ihr engster Freund ist oft der Neid.

Doch ich gehöre nicht zu denen,
die sich nach Niederlagen sehnen.
Ich klage selber zwar sehr gern,
doch nur zu Jammern liegt mir fern.

Niveauvoll muss die Klage sein,
sonst lass ich mich nicht darauf ein,
doch seh ich momentan kein Licht,
denn keine Klage ist in Sicht.

Das macht mich traurig fast und still,
weil ich so gerne klagen will.
Du fragst mich: Hat das einen Sinn?
Na klar – weil ich doch Anwalt bin.

Himmel und Hölle

Mein Leben hier war gerad vorbei,
sah mich schon in der Hölle schmoren,
doch war ein Platz im Himmel frei.
Man hat als Engel mich erkoren.

Ich kam also im Himmel an
und wurde gleich gefragt,
ob ich wohl Harfe spielen kann.
Und ich hab „Ja" gesagt.

Doch kann ich nur die eignen Sachen,
und jedes davon nur einmal.
Wer zuhört, hat da nichts zu Lachen,
für ihn ist es wohl eine Qual.

So zupfte ich die Saiten locker.
Ich rockte los, so gut es ging.
Die Englein fielen fast vom Hocker.
Das war ganz neu – das war mein Ding.

Der Herrgott aber war empört,
und rief: „Das ist ein starkes Stück."
Ich hätte den Frieden arg gestört.
Er trieb zur Erde mich zurück.

Wenn einst die Hölle nach mir schreit,
macht mir das wirklich nicht viel aus.
Ich bin dann wieder spielbereit
und hole meine Harfe raus.

Musik

Musik gehört zu meinem Leben,
was kann es schöneres denn geben?
Ich liebe jeden guten Hit
und singe manchmal sogar mit.

Musik kann ich nicht widerstehen;
muss keinen Film stattdessen sehen.
Ich höre sie gern immer wieder,
diese wirklich guten Lieder.

Ich wünschte, ich könnt' so gut singen,
wie die, die so gigantisch klingen,
sobald sie öffnen nur den Mund,
ich gäbe es gern allen kund.

Ich würde singen voller Wonne
die schönsten Töne hin zur Sonne,
auf dass es allen Freude macht
zu hören diese Sangespracht.

Ich habe zwar Musik im Blut,
doch singen kann ich nicht so gut.
Ich will es wirklich nicht verhehlen,
dass mein Gesang euch nur würd' quälen.

Stattdessen sage ich euch heiter,
hört nur die großen Künstler weiter.
Was sie an Lebensmut euch geben,
wirkt positiv auf euer Leben.

Der Schläfer

Wer hält noch immer sich versteckt
und hofft, dass man ihn nicht gleich weckt ?
Wenn auch die Sonnenstrahlen necken,
er lässt sich wirklich nicht gern wecken.

Wer schläft da heimlich unter Hecken
und will nicht, dass wir ihn entdecken ?
Lässt alte Greise noch regieren.
Ihn interessiert nicht, wenn wir frieren.

Den Schlaf hat wirklich er gepachtet
Und unser 'n Wunsch bisher missachtet,
mal endlich wieder aufzustehn
und sich bei uns mal umzusehn.

Er war schon fast ein Jahr nicht hier.
Vermisst wird er bei Mensch und Tier,
doch sind es auch die Pflanzen
die weiter sich verschanzen.

Ich ahne schon, dass ihr es wisst,
dass nur der Lenz gemeint jetzt ist.
So lasst ihn uns entdecken
und rücksichtslos ihn wecken.

Eine ungewöhnliche Liebe

Der Elfenjunge Nikolaus,
der liebte eine kleine Maus.
Sein Vater aber war dagegen
und sagte ihm auch gleich weswegen.

Er sprach: Wir Elfen mögen zwar
die Pflanzen, jedes Tier sogar,
doch sollten wir uns davor hüten
konkret die Liebe anzubieten.

Ein Tier, was auf der Erde kriecht
und was extrem nach Erde riecht,
ist wirklich nichts für unsresgleichen,
drum sollten wir dies Thema streichen.

Die Mutter sagte gleich dazu:
Mein Junge, lass die Maus in Ruh.
Ein Wesen, das nicht fliegen kann
ist nichts für einen Elfenmann.

Du brauchst dich nur mal umzuschauen,
es gibt so viele Elfenfrauen.
Die Eine wirst du finden,
die du an dich kannst binden.

Doch Nikolaus sah das nicht ein.
Warum muss es ne Elfin sein ?
Er dachte an die schönen Stunden,
die er mit Mäuschen Pieps gefunden.

Er überlegte hin und her,
wie das Problem zu lösen wär
und plötzlich fiel ihm etwas ein,
das könnte wohl die Lösung sein.

Pieps war auch gern sofort bereit
sie wollte gern die Zweisamkeit
mit ihrem Nikolaus.
Sie liebte ihn, die Maus.

Der Elfenjunge hob den Stab,
von dem fiel Elfenstaub herab,
direkt auf seine Maus.
Und sie sah glücklich aus.

Sie hob die neuen Flügel,
flog gleich um einen Hügel
dem Nikolaus voran.
Ein neues Glück begann.

Den Eltern sagte Nikolaus,
sie wär jetzt eine Flügelmaus,
die sich bewegt in Himmels Bläue
mit fast elfenhafter Schläue.

Der Vater aber sann
nach einem kleinen Bann.
So sprach er aus mit Missvergnügen,
die Maus, sie dürfe nachts nur fliegen.

Er meinte, jetzt wär es vorbei
mit dieser kleinen Liebelei,
doch trafen nachts sich Nikolaus
und seine kleine Fledermaus.

Gewonnen

Ihr glaubt nicht, was ich grad im Briefkasten fand,
ich halte den Scheck noch erfreut in der Hand.
Der Wert 2 Millionen Euro steht drauf.
Ich habe gewonnen. Ich überleg, was ich kauf.

Ich werd eine Villa mir kaufen am Strand,
am Besten in einem sehr sonnigen Land
die Nachbarn werden dann auch kaum verstehn,
dass oft sie auf meiner Jacht mich dann sehn.

Ich habe gewonnen, werd zur Bank auch gleich gehn,
ich freu mich so riesig, das Leben ist schön,
doch versteh ich nicht so ganz diesen Zweck,
das Wort „Muster" steht da noch mit auf dem Scheck.

Am Osterfeuer

Meterhohe Flammen steigen
in des Himmels Dunkelheit.
Farbenfroher Feuerreigen.
Es ist wieder Osterzeit.

Böse Geister zu verjagen,
die sonst schlechte Zeiten bringen,
sie ganz weit hinwegzutragen,
muss dem Feuer heut gelingen.

Und des Feuers Wärme spüren
wir an diesem schönen Ort.
Wird uns in den Frühling führen,
treibt des Winters Kälte fort.

Knisternd brennt das Feuer nieder,
Flammen werden langsam rar,
neue Hoffnung kehrt jetzt wieder
in die schönste Zeit im Jahr.

Schonzeit

Für Hasen ist jetzt Schonzeit,
denn es ist wieder mal soweit,
dass sie wegen dem Osterfest
sich plagen für das Osternest.

Sie haben – und das ist kein Flop -
einen ziemlich harten Job.
Zwar bemalen sie die Eier
auch noch heute für die Feier

und sie tragen sie auch aus,
laufen flink von Haus zu Haus,
doch um Geschenke auszutragen
bräuchten sie heut einen Wagen.

Zwar sind so manche Spiele leicht
und darauf sind sie auch geeicht.,
doch dafür sind so richtig schwer
Computer und auch Zubehör.

Auch Autos und Hi-Fi-Anlagen
muss heut der arme Hase tragen,
er hat ja keinen Führerschein.
Und so was soll nun Schonzeit sein ?

Er denkt: Bei solchen Großeinsätzen
da würde ich es mächtig schätzen,
die Menschen würden mal nachdenken
und nicht so große Sachen schenken.

Willenskraft

Manchmal scheint man zu versinken
in dem Berg, der Arbeit heißt.
Glaubt, man würde drin ertrinken,
hätt' die Kraft nicht und den Geist.

Und es wachsen schnell die Sorgen,
wächst die Angst vor dem Versagen.
Zweifel braucht man sich nicht borgen,
kommen selbst in solchen Lagen.

Doch wir sollten daran denken,
Optimismus durchzulassen
und die Gedanken so zu lenken,
dass wir das Ziel auch nicht verpassen.

Den Berg, den werden wir bezwingen,
der Wille wird die Kraft uns schenken.
Es werden Dinge uns gelingen,
an die wir kaum zu wagen denken.

Damals in Eden

Nachdem die Erde fast vollkommen,
hat Gott sich Lehm und Sand genommen
und schuf das heute uns bekannte
Wesen, das er Adam nannte.

Damit der auch was hat vom Leben,
hat Gott ihm noch die Frau gegeben,
die auch – und das ist völlig klar,
als Schönheit die Miss Eden war.

Der Garten Eden war ein Traum,
Gott pflanzte dort auch einen Baum,
der groß und kräftig und sogar
geschmückt mit einem Apfel war.

Und Eva ließ im Garten Eden
sich von der Schlange überreden,
den Apfel einmal zu probieren,
sie würde nichts dabei riskieren.

Doch mussten beide dafür büßen.
Die Strafe kam auf schnellen Füßen.
aus Eden wurden sie vertrieben,
sind auf der Erde jetzt geblieben.

Was dann geschah, nennt man Geschichte,
von der ich lieber nicht berichte.
Von Kriegen kann man häufig lesen.

Ach, wär doch der Baum eine Pappel gewesen !

Ein deutsches Gedicht

Die deutsche Sprache ist so was von cool,
da steckt so massig viel Power drin,
so rein wie das Wasser im Swimmingpool,
dass wenn ich sie hör, ich ganz Happy bin.

Auch beim Fast Food hör ich sie so gern.
Ich ess gern Mac Chicken und trinke gern Sprite,
ein schlechtes Timing liegt mir ja so fern
und uncool ist für mich das Verschwenden von Zeit.

Die deutsche Sprache ist absolut in
zur Tea-Time red' ich auch gerne mal laut.
Weil ich ein echter Deutscher bin
sind fremde Sprachen für mich völlig out.

„Denglisch"

Dunkler Himmel

Und ist der Himmel auch bedeckt,
will ein Gewitter sich erheben,
scheint auch die Seele stark befleckt,
es wird für dich ein Morgen geben.

Der Morgen wird die Chance dir bringen,
die dunklen Wolken zu verjagen.
Es wird ganz sicher dir gelingen,
die vielen Zweifel zu zerschlagen.

Dann wird die Sonne wieder strahlen,
die Freude kehrt zu dir zurück.
Du wirst in bunten Farben malen
dein eignes und der andern Glück.

Ein teures Angebot

Ich fahre im Auto so vor mich hin
auf einmal denke ich, ich spinn,
denn plötzlich sehe ich ganz nah
das Blitzlicht einer Kamera.

Das ist nun schon zwei Wochen her,
ich dachte daran längst nicht mehr.
Doch jetzt bekam ich dieses Schreiben,
man kann's ja wirklich übertreiben.

Da glaubt doch so ein Handelsmann,
dass er mir was verkaufen kann.
Ein Foto mit Portrait von mir,
doch auf normalem Briefpapier.

Das Bild, kaum scharf und in schwarzweiß,
das bietet er zum Wucherpreis.
Ich denk, der hat ja wohl nen Tick,
das schicke ich ihm gleich zurück.

Und dann noch dieser Fragebogen,
ich find es ziemlich ungezogen,
was der so alles wissen will.
Das Ding, das fliegt gleich in den Müll.

Ich schreib dem Hobby-Bildermacher:
„Ihr Angebot ist ja ein Lacher
und ist mir auch nicht ganz geheuer.
Das Foto ist ja viel zu teuer."

Farben

Farben, die sehr schnell verblassen,
Augenblicke, die wir hassen,
gibt es für uns oft genug.
Das Totzuschweigen wär Betrug.

Wir gehen schnell daran zugrunde,
vergessen manche schöne Stunde
und sehen alles grau in grau,
verkriechen uns in unserm Bau.

Doch wenn wir uns dagegen wehren,
wird auch die Farbe wiederkehren,
dann werden wir so stark wie nie
und ernten auch noch Sympathie.

Lasst Zweifel uns den Krieg ansagen,
lasst uns die Hoffnung vorwärts tragen,
denn nach dem Sieg steht uns der Sinn,
ein farbenfroher Neubeginn.

Fremdsprachen

Fremdsprachen sollte man heute wohl kennen,
will man sich nicht so ins Abseits verrennen.
Zwar fällt das Erlernen nicht immer leicht,
doch wirst du verstanden, hast du viel erreicht.

Englische Wörter hört man heut sehr oft.
Dass man sich versteht, wird trotzdem erhofft.
Beim Einkaufen ist diese Sprache gefragt,
weil man jetzt statt Hähnchen nur Chicken noch sagt.

Auch andere Sprachen tut man sich gern an,
damit man woanders auch mitreden kann.
So wird auch Latein und Französisch gelehrt,
auch Spanisch zu können, ist nicht grad verkehrt.

Egal, welche Sprache, egal, welches Land,
ich nähme ein Wörterbuch gern in die Hand,
bei mir aber ist das ne schwierige Sache.
Ich beherrsche mit Not nur die eigene Sprache.

Man kann zwar fast jede Sprache erlernen,
doch greife ich nicht gerne hoch zu den Sternen.
Der Anfang darf nicht zu schwer für mich sein,
darum fang ich mal an mit dem Jäger-Latein.

Hexen und Teufel

Von links grinst dich der Teufel an,
der fast die Hand dir reichen kann.
Du drehst dich um und lässt ihn stehen,
um ein paar Schritte wegzugehen.

Doch glaube nicht, das wär's gewesen,
denn plötzlich schwebt auf einem Besen
jetzt eine Hexe vor dir her,
als wenn's was ganz normales wär.

Von einer Hexe an der Buche
ein Inserat zur Arbeitsuche.
Sie würde jeden Job annehmen
und würd' sich keiner Arbeit schämen.

Ein Beispiel möchte ich hier nennen,
dass Hexen arbeiten auch können,
denn dieser Rasenmäher droben
wird auch von einer Hex' geschoben.

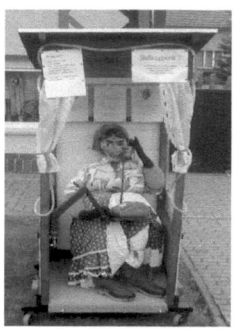

Genießen können Hexen auch,
zum Beispiel diese zwei am Rauch
des Feuers, über dem noch spät
ein Kaninchen hängt und brät.

Ein Hexlein dort am Tisch lädt ein
zu einem guten Gläschen Wein,
die gegenüber unterdessen
ist grad' dabei ein Eis zu essen.

Ein Teufel in sehr guter Laune
hält in der Hand eine Posaune.
Doch kann sein Spiel dich nicht sehr stören,
er bläst zu leis' – du kannst nichts hören.

Du brauchst jedoch nicht ängstlich sein
bei all den vielen Hexelein.
Stehen sie manchmal auch in Gruppen,
letztendlich sind es ja nur Puppen.

Die Hexen siehst du weit und breit
im Harz in der Walpurgiszeit.

Hausbau

Ich sitze hier allein und schraube
in meinem Garten eine Laube.
Auch wenn mir das jetzt keiner glaubt,
das Ding wird fast komplett verschraubt.

Zuerst einmal die Außenbretter,
die schützen soll 'n bei jedem Wetter.
Dazu kommt das Teil A an B,
verschraubt wird es mit Schraube E.

Jetzt legt sich meine Stirn in Falten
find' keinen Helfer ich zum Halten.
Sonst würde fallen – und zwar schnell
das ganze schöne Holzgestell.

Denn leider hat man für mein Leben
mir nur zwei Hände mitgegeben,
womit auch klar erwiesen wär:
Ein Handwerker allein hat 's schwer.

Doch da das Glück mich nicht verlässt
hält meine Frau die Sache fest.
So kann es munter weitergehen
und bald sehn wir die Wände stehen.

Das Dach kommt meistens oben drauf,
drum muss ich jetzt die Leiter rauf.
Der Hammer sollte greifbar sein,
sonst krieg ich nicht die Nägel rein.

Zum Schluss nur noch die Kleinigkeiten,
die keine Schwierigkeit bereiten,
dann ist sie fertig, wie ich glaube.
Wir stehen stolz vor unsrer Laube.

Wir hoffen, dass das Häuschen hält
und nicht gleich auseinander fällt.
Dass es auch steht bei Sturm und Wind,
wenn wir in dieser Laube sind.

Sonnenbaden

Jetzt fängt das Sommerwetter an,
wo man sich so schön sonnen kann.
Man holt erst mal die Decke raus
und zieht dann seine Sachen aus.

Dann legt man sich so voller Wonne
in die warme pralle Sonne,
natürlich barfuß bis zum Kopf.
Wer weiß bleibt, ist ein armer Tropf.

Kastanienbraun ist aktuell,
die Farbe möchte man sehr schnell.
Doch hat so mancher seine Not,
denn braun ist nicht im Angebot.

Die Farbe wird nicht lang vermisst,
die für den Krebs so typisch ist.
Jetzt heißt es, die Sonne schnell zu verlassen
und sich mit den roten Stellen befassen.

Beim nächsten Sonnenbräunungstest
steht hoffentlich dann vorher fest:
Das Sonnen wird sehr angenehm,
nimmt man sich vorher Sonnencreme.

Backshop

Ich kam am Backshop grad vorbei
und fragte mich, was drinnen sei.
Hab grad das Schild kurz angeschaut
und habe mich nicht reingetraut.

Shop ist ja englisch und heißt Laden,
so was zu wissen, kann nie schaden,
doch macht mir Angst das Back davor.
Da fehlt mir wirklich der Humor.

Denn Back heißt rückwärts – auch zurück.
Ich find, es wär ein starkes Stück
den Rückhol-Laden zu besuchen.
Ich würde hinterher wohl fluchen.

Ob dieser Laden schon gefunden
in unsrer Stadt sehr viele Kunden ?
Die Kundschaft wird es sicher geben,
sonst könnte dieser Shop nicht leben.

Was will man denn zurück dort holen ?
Vielleicht die wohlverdienten Kohlen ?
Bringt man dort etwa Sachen hin
für einen kleinen Geldgewinn ?

Kann man sein letzten Hemd hingeben
für eine Handvoll Euros eben ?
Für mich steht fest, ich lass es sein,
geh nie in diesen Laden rein.

Die Sache mit dem Kleiderschrank

Der Kleiderschrank ist übervoll.
Ich frag mich, was es bringen soll,
die ganze Kleidung aufzuheben,
die ich nie wieder trag im Leben.

So wird schnell der Entschluss daraus:
Den Kleiderschrank, den räum ich aus
und hol mir einen Sack heran,
in den ich was entsorgen kann.

Die Jacke hab ich oft getragen,
sie wärmte mich an kalten Tagen.
Ich zieh sie ganz bestimmt noch an.
Wie schwer man sich doch trennen kann.

Die Hose ist mir zwar zu eng,
doch will ich ja demnächst sehr streng
drum kämpfen, dass ich wieder abnehm.
Dann passt sie wieder ganz bequem.

Dieses Hemd hier, nie getragen,
will mich drüber nicht beklagen,
vielleicht gewöhn ich mich noch dran
und ziehe es auch einmal an.

So häng ich dieses Kleidungsstück
auch wieder in den Schrank zurück.
Der Kleidersack ist noch ganz leer,
was zu entsorgen fällt so schwer.

Bei dem Gedanken wird mir bange,
nehm eine Hose von der Stange,
die ist inzwischen viel zu klein.
Da passe ich nie wieder rein.

Bevor der Zweifel mich zerfrisst,
die Hose schnell im Sack jetzt ist,
dann greif ich mir ganz schnell und munter
das nächste Kleidungsstück herunter.

Auch dieses Hemd hier ist zu klein,
das kommt gleich in den Sack mit rein,
doch bei dem Anzug muss ich passen.
Den werd ich erst mal hänger lassen.

Und wieder spür ich diesen Krampf,
den ewigen Entscheidungskampf.
Was heb ich auf, was werf ich weg
und was erfüllt noch seinen Zweck.

So geht es weiter ein paar Stunden,
hab mich jetzt öfter überwunden,
von mancher Kleidung mich zu trennen,
damit zum Kleidersack zu rennen.

Es kommt so, wie es kommen soll,
der Kleidersack ist endlich voll.
Ich bring ihn besser gleich hinaus,
sonst räum ich ihn vielleicht noch aus.

Vom Kleiderschrank ein „Dankeschön",
ich habe ihn gerade lächeln sehn.
Er braucht jetzt weniger zu tragen,
zumindest in den nächsten Tagen.

Was an der Sache auch noch fetzt:
Man findet manches schneller jetzt.

Verlassen

Es ist schon eine Weile her,
seit du mich hast verlassen.
Jetzt ist mein Leben ziemlich leer,
doch kann ich dich nicht hassen.

Wir haben uns so gut verstanden,
bis dich ein andrer mit dir nahm.
Die Abschiedsworte wir nicht fanden,
weil damals alles so schnell kam.

Du bist sehr schnell mit ihm gegangen,
nur weil die Uniform er trug.
Sag – fühlst du dich nicht eingefangen ?
War denn dein Weggang nicht Betrug ?

Ich denk an dich so manche Zeit
und sehne mich so sehr nach dir.
Ich wünschte, du wärst nicht so weit
und würdest wieder sein bei mir.

Du liegst wahrscheinlich abgeschottet
von andren Menschen einsam nur.
Ich hoff, du wirst nicht eingemottet
und findest wieder in die Spur.

Vielleicht hab ich ja wirklich Glück
und bleibe nicht mehr lang allein.
Ich wünschte, du wärst längst zurück,
du – mein geliebter Führerschein.

Grillspaß

Ein Wochenende voller Sonne
war angesagt – welch eine Wonne !
Drum äußerte ich meinen Willen:
Wir könnten doch mal wieder grillen.

Der Grill – er wartete schon lange.
Ich sah ihm an, ihm war schon bange,
dass er vielleicht nicht mehr gebraucht.
Ich kann verstehn, wenn ihn das schlaucht.

So schafften wir uns Nahrung an,
die man sehr gut vergrillen kann.
Natürlich musste Bratwurst sein,
doch packten wir noch Steaks mit ein.

Ich will hier aber nicht verhehlen,
wir ließen magres Fleisch nicht fehlen.
Geflügelspieße schmecken auch
und stärken nicht so sehr den Bauch.

Seh auf dem Grill das Fleisch dann liegen,
denk: ist das wirklich ein Vergnügen,
nur dazuliegen und zu braten ?
So mancher Mensch lässt sich nicht raten.

Das Fleisch ist durch – es wird verzehrt,
ist nicht beim Menschen nur begehrt.
So kann es Freude auch bereiten,
mit Wespen um das Fleisch zu streiten.

Traumhafter Urlaub

Ich sitze auf meiner Terrasse
vor meinem Sommerhaus,
hab noch Kaffee in der Tasse,
den trinke ich noch aus.

Der Urlaubstag ist wieder schön,
das Wetter ist so toll.
Seh Palmen dort am Wasser stehn
und fühl mich richtig wohl.

Mein Mädchen steht grad in der Tür,
wir wollen schwimmen gehn.
Sie lächelt mich an und kommt zu mir,
wie gut wir uns doch verstehn.

Doch plötzlich hör ich ein lautes Geräusch
und springe auf erschreckt.
Der Wecker war 's, bemerke ich gleich,
der mich wieder mal hat geweckt.

Eine Einladung

Ich hab ne Einladung zum Gericht,
das finde ich ganz toll.
Nur weiß ich momentan noch nicht,
was ich dort essen soll.

Denn leider hat man glatt vergessen
zu senden mir die Speisekarte.
So weiß ich nicht, mit welchem Essen
ich dann gerichtlich erstmal starte.

Doch freu ich mich auf den Termin,
ich kann mich ja dann dort entscheiden.
Bestellen werde ich ganz kühn,
und Billigspeisen werd ich meiden.

Und das alles habe ich
meinem Nachbarn zu verdanken.
Dafür werd ab heut ich mich
nicht mehr soviel mit ihm zanken.

Ich sollte gleich mal zu ihm gehn
und mich mit ihm versöhnen.
Und beim Gericht dann wird es schön,
dort wird man uns verwöhnen.

Einkaufsbummel

Der Einkaufsbummel mit ner Frau
ist hart, denn ich weiß ganz genau,
in welche Läden wir dann laufen
und was wir wieder dann dort kaufen.

Wir kommen also endlich dann
bei einem solchen Laden an.
Sie stürzt auch gleich ganz wild hinein
und ich geh langsam hinterdrein.

Sie sagt, sie schaut sich kurz mal um
und ich steh wartend nur herum.
Es dauert ja nur ein paar Stunden
bis sie das passende gefunden.

Sind wir dann aus dem Laden raus,
steht da ein weiteres Modehaus.
Dann weiß ich wieder mal Bescheid,
das gleiche Spiel beginnt erneut.

Doch endlich treten wir dann ein,
dort, wo ich wollt schon lange sein.
Ich schau mich um, sie drängt indessen,
denn sie hat Hunger und möchte essen.

Und außerdem hat man soeben
ne Menge Geld schon ausgegeben.
Ich murre, aber sie hat recht,
mir ist vor Hunger auch fast schlecht.

So gehen wir in ein Lokal,
bestelln ein Essen unsrer Wahl.
Nach dem dann wirklich guten Schmaus
geht es per Bahn zurück nach Haus.

So läuft fast jeder Einkaufsbummel,
gekauft wird nur ein Dutzend Fummel
und ich denk so für mich zu Haus,
demnächst geh ich allein mal aus.

Hektik

Und läuft mal wieder alles schief
und wird die Zeit dir langsam knapp,
dann setz dich hin und atme tief
durch und reg dich langsam ab.

Denn in der Ruhe liegt die Kraft,
das solltest du vor allem wissen,
weil mit Verstand man meistens schafft,
was sonst hätt liegen bleiben müssen.

Ein Raubtier

Ein Raubtier soll der Hund wohl sein,
doch finde ich, es ist gemein
ein Tier so zu beleidigen.
Es kann sich nicht verteidigen.

Womit es an der Zeit jetzt wäre
Zu retten hier des Hundes Ehre.
Und deshalb sage ich auch laut:
Mich hat noch nie ein Hund beklaut.

Sehnsucht nach Urlaub

Das ganze Jahr freust du dich schon
auf Urlaub – den verdienten Lohn,
doch fragt mich niemand, wie' s mir geht.
Ich ackere von früh bis spät.

Hab zwar auch zwischendurch mal Pausen,
jedoch ansonsten muss ich sausen.
Erwartet wird Geschwind gkeit,
bin ja auch dazu gern bereit.

Ich möchte aber auch mal rasten,
anstatt nur ständig rumzuhasten.
Da bietet sich der Urlaub an,
bei dem man sich erholen kann.

Doch statt die Ruhe mal zu kennen,
muss ich jetzt ohne Pause rennen,
denn du willst wieder sehr weit fort
und wechselst schnell zum nächsten Ort.

So muss ich wieder alles geben
und schufte nur in meinem Leben,
bis dass ich dann die Segel streiche,
bevor die Rente ich erreiche.

Dabei will ich mal mit Vergnügen
nur einfach so im Schatten liegen.
Möcht' wissen, wann ich das mal seh',
das frag' ich dich – dein PKW.

Das Mädchen

Da hing an einem Fädchen
ein winzig kleines Mädchen
direkt in unserm Haus.

Es wäre wirklich schade,
würd sterben diese Made,
drum trug ich sie hinaus.

Ich sprach noch zu dem Mädchen:
Sei vorsichtig im Städtchen,
sonst ist es mit dir aus.

Ein andrer würde mit Entzücken
dich wahrscheinlich gern zerdrücken.
Das wäre dir ein Graus.

Die Made kroch ganz munter
die nächste Straße runter
aus meinem Blickfeld raus.

Die große Liebe

Ich liebe dich, was soll ich tun ?
Kann nachts auch wirklich kaum noch ruhn,
schon weil mein Herz an dich nur denkt,
hab mein Gefühl an dich verschenkt.

Ich kann es selber kaum verstehen,
hab dich nur einmal kurz gesehen
und hab mich gleich in dich verliebt.
Hätt nie gedacht, dass es das gibt.

Ich sag es nicht mal meiner Frau,
denn ich weiß leider ganz genau,
dass sie das nicht verstehen kann,
doch leider bin ich nur ein Mann.

So schweig ich, weil sie kaum versteht,
worum es meinem Herzen geht.
Ich liebe dich, will dich besitzen,
denk ich an dich, komm ich ins Schwitzen.

Ich bleib vor dir fast täglich stehen,
seit ich dich damals hab gesehen.
Zu dir komm ich sogar per Pedes.
Ich lieb dich so – du mein Mercedes.

Lebensraum Wasser

Zwar kam das Leben aus dem Wasser
und manches ist auch drin geblieben,
doch gibt es eine Reihe krasser
Geschöpfe, die das Trockne lieben.

Sie zogen lieber raus aufs Land,
weil es dort so schön trocken ist.
Sie fühl' n sich wohl sogar im Sand.
Die Feuchtigkeit wird kaum vermisst.

Ich kann die Wesen nicht verstehen,
die gerne auf dem Land verdrießen
und lieber Wüstensonne sehen,
anstatt das Wasser zu genießen.

Ich schätze dieses H^2O
als ganz besond' ren Lebensraum,
in dem das Leben sich so froh
und munter tummelt wie im Traum.

Ans Wasser könnt ich mich gewöhnen,
weil viel Romantik darin steckt.
Ich ließe mich auch gern verwöhnen
im Pool mit einem Gläschen Sekt.

Im Wasser fühl ich mich zu Haus,
weiß nicht mal so genau, warum.
Doch gehe ich jetzt trotzdem raus,
denn meine Badezeit ist um.

Ein neues Leben

Ein neues Leben ward geboren,
gar niedlich ist es anzusehen.
Das kleine Näschen, die süßen Ohren,
die trotzdem vieles schon verstehen.

Die Äuglein, die stets darauf brennen,
von all dem Treiben um ihn her
sehr vieles auch schon zu erkennen,
als wenn es was Besond'res wär.

Und diese kleinen Händchen greifen
noch ziellos, spielerisch umher,
doch die Bewegungen, sie reifen
mit jedem Tag ein bisschen mehr.

Bei uns fühlt er sich jetzt geborgen,
es geht ihm gut, er schläft sehr viel.
Er weiß noch nichts von unsren Sorgen.
Das Leben ist für ihn ein Spiel.

Doch wird er mit der Zeit bald spüren,
dass Leben auch ein Kampf stets ist.
Wird er auch manches Mal verlieren,
wir wünschen, er bleibt Optimist !

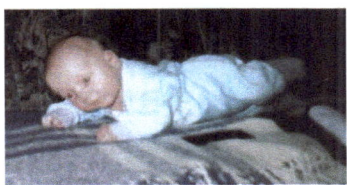

Der ideale Chef

Ich bin der ideale Chef,
ich mach euch Dampf, wo ich euch treff.
Ich mache wirklich niemals schlapp
und bringe jeden hier auf Trab.

Mich stört, wenn einer sich erdreistet
und sich mal eine Pause leistet
und sich mit Leuten unterhält,
statt zu rotier' n, wie' s mir gefällt.

Was heißt hier: erst einmal nachdenken,
das könnt ihr euch doch wirklich schenken.
Das Denken überlasst nur mir.
Schließlich bezahlt man mich dafür.

Ihr sollt nur Weisungen ausführen,
denn tut ihr' s nicht, so sollt ihr spüren,
das mein Arm hier der Längste ist.
Ich zeig' s euch mal, damit ihr' s wisst.

Kritik wird hier nicht gern gesehen,
das müssten Sie sofort verstehen.
Für mich zählt nur Autorität,
weil' s anders absolut nicht geht.

Zwar kann mich wirklich keiner leiden,
es gibt auch Leute, die mich meiden,
solange sie mir nicht reinpfuschen
ist das egal. Sie müssen kuschen.

Zu können brauch ich wirklich nix,
es ist nur wichtig, ich find fix
ein paar Leute, die was können
und die bringe ich zum Rennen.

Ich bin ein Super Chef fürwahr,
doch leider ist hier nicht ganz klar,
dass wirklich jeder hier versteht,
warum' s nach meinem Willen geht.

Nachtrag:

Ich bin so gern hier im Betriebe,
bin ich zu Haus, dann krieg ich Hiebe,
wenn ich nicht mache, was sie will.
Bei meiner Frau bin ich ganz still.

Erben der Erde

Ich sehe große Wälder sterben
und denk daran, dass wir die Erben
dieser schönen Erde sind,
doch oftmals stellen wir uns blind.

Die Regenwälder abgesägt,
denn das gute Holz das trägt
bei zu großem Geldgewinn.
Nach andrem steht uns nicht der Sinn.

Die Tierwelt lebt jetzt abgeschottet,
sofern sie grad nicht ausgerottet,
im Zoo und wird von uns gefüttert.
Ihr Lebensraum ist eng vergittert.

Und auch die Flora muss verzichten
aufs Leben, denn wir wolln errichten
noch viele Hotels aus Beton
gefragt vor allem zur Saison.

Auch Parkplätze gibt es nicht viel.
Es ist uns ein besondres Ziel
für jedes Fahrzeug, das es gibt,
den Platz zu schaffen, den es liebt.

Doch die Natur lässt sich nichts bieten.
Um größres Unheil zu verhüten
wehrt sie sich, so gut sie kann.
Man sieht's an Katastrophen dann.

Wir führen weiter diesen Krieg
gegen die Erde und der Sieg
ist dabei wieder völlig offen,
doch es gibt einen Grund zum Hoffen.

Ich hoff, die Erde wird noch leben,
die wir den Enkeln übergeben,
dass sie den Krieg nicht weiterführen
und unsre Fehler korrigieren.

Essgewohnheiten

Wovon manche Leute sich so ernähren,
kann ich mir manchmal gar nicht erklären.
Ich glaubte, wir leben in einem Land,
in dem man ernährt sich mit wachem Verstand.

Dass man „Heiße Hunde" mal eben verdrückt,
das ist ja auch schon ein wenig verrückt,
Doch dass man beim Menschen nicht einhalten kann,
das ist doch der Gipfel – nein, da komm ich nicht ran.

Da werden sehr gerne mal „Berliner" gegessen,
was soll es, der Appetit kommt beim Essen.
Auch „Hamburger" schmeißt man sich massenhaft rein,
es dürfen auch manchmal gern „Frankfurter" sein.

Auch nach „Amerikanern" wird Schlange gestanden,
weil manche Leute sie ganz lecker fanden.
Selbst über „Wiener" macht man sich gern her,
und hält sie geeignet auch für den Verzehr.

Ich denke, beim Essen geht es voll daneben,
der reinste Kannibalismus eben.
Doch hat er auch manches Mal seine Lücken,
sonst würden sie auch Pariser verdrücken.

Enthüllung

Ich nahm dich mit zu mir nach Haus
und hab dich dort ganz sanft umfasst,
danach zog ich dich langsam aus,
ganz zärtlich, ohne jede Hast.

Jetzt seh' ich endlich dich so schlank
in voller Schönheit nackt vor mir,
bin vor Begehrlichkeit fast krank,
weil deinen Duft ich auch noch spür.

Dein gelbes Kleid liegt neben mir,
so völlig ohne Taschen.
Ich komm jetzt näher ran zu dir
und werd' dich gleich vernaschen.

Und deinen Körper spüre ich
ganz nah an meinem Mund,
mit Hochgenuss verspeis' ich dich.
Bananen sind ja so gesund.

Vor dem Vogelkäfig

Du starrst auf die verschlossne Tür,
hindurch zu fliegen wär dein Glück.
Doch ich bin wirklich nicht dafür,
denn du kämst niemals mehr zurück.

Du meinst, es wäre ein Vergnügen
so in den Himmel zu entgleiten ?
Ganz ohne Grenzen dorthin fliegen,
wo Spaß du hast für alle Zeiten ?

Wär diese Freiheit dir auch wert,
um zu riskieren auch dein Leben ?
Es wäre sicherlich verkehrt,
dem Wunsch nach Freiheit nachzugeben.

Für dich ist es gewaltig schwer,
dein Leben draußen einzurichten,
und sicher schafft es irgendwer,
dich schnell und schmerzhaft zu vernichten.

Denn du hast leider nie gelernt,
in der Natur zu überleben.
Wärst du davon nicht so entfernt,
würd ich dir gern die Freiheit geben.

Doch mir ist allzu sehr nur klar,
du lebtest dann nur ein paar Stunden,
denn du erkennst nicht die Gefahr,
wenn dich ein Raubtier hat gefunden.

Ich sitz vor deinem Käfg hier
und weiß, es nützt nichts, wärst du frei.
Wärst du dort draußen, glaube mir,
dann wär dein Leben schnell vorbei.

Der arme Poet

Dem wirklich armen Poeten
fehlten damals nur die Moneten,
um ins Internet zu gehen,
dass seine Werke dort zu sehen.

So schrieb er sie für sich allein,
in seinem stillen Kämmerlein.
Wir werden dadurch nie erfahren,
was seine schönsten Stücke waren.

Nach dem Vatertag

Im Auto unterwegs zur Arbeit
halten mich 2 Typen an.
Ich fahre ran – ich hab noch Zeit
und frage, wie ich helfen kann.

Da fragen die mich nach Restalkohol,
als könnten die sich selbst nichts kaufen.
Na, denen ist ja nicht ganz wohl,
aber in Uniform rumlaufen !

Doch über die Frage kann ich nur kichern.
Bei mir fischen die total im Trüben.
Ich sage – hicks – kann nur versichern,
bei uns ist kein Alk übrig geblieben.

Am Skattisch

Am Skattisch sah man Frau Röderich
sehr gern sitzen mit ihrem Glas Weizen.
Sie sah zwar beim Spiel fast gar keinen Stich,
doch konnte sie sehr gut reizen.

Der Ampelkontrolleur

Ich bin der Ampelkontrolleur,
sogar ein ziemlich unbequemer.
Früher war ich Ingenieur,
heute bin ich Unternehmer.

Um von Hartz IV jetzt wegzukommen,
machte ich mir mal Gedanken,
und hab die Chance wahrgenommen.
Geld kennt wirklich keine Schranken.

Ich achte jetzt auf die Fußgänger
und dabei fühle ich mich groß.
Zeigt eine Ampel rot jetzt länger,
dann laufen sie ganz gerne los.

Ich bin ein Kerl – stark wie ein Bär,
doch will ich damit auch nicht prahlen.
Ich denke, wenn das nicht so wär,
würd mancher nicht die Strafe zahlen.

Der Strafpreis ist bei mir nicht teuer.
Auch daran sollte man mal denken,
Ich zahl ja keine Umsatzsteuer,
muss dem Finanzamt ja nichts schenken.

Doch habe ich auch schon geflucht,
denn für 's Geschäft ist es sehr schlecht,
dass mich die Polizei jetzt sucht.
Das ist mir überhaupt nicht recht.

Das fliegende Pferd

Am Himmel droben fliegt ein Pferd,
ganz sanft, so wie es sich gehört,
schlägt leise mit den weißen Schwingen,
statt auf der Erde rumzuspringen
und kommt direkt jetzt auf mich zu.
Ich wunder mich und denk: Nanu,
was will denn dieses Pferd von dir?
Da ist es auch schon nah bei mir
und sagt: Ich bin der Pegasus,
mit deiner Ruhe ist jetzt Schluss.
Du wirst mich jetzt ein Stück begleiten
und hoch zum Himmel mit mir reiten.

So bin ich auf das Pferd gestiegen.
Was soll' s – ich wollt schon immer fliegen.
Wir sind ein ganzes Stück geflogen,
hab frischen Wind mir reingezogen,
und auf der Erde angelangt
hab ich mich bei dem Pferd bedankt.
Ich sprach zu ihm: Beim nächsten Ritt
komm ich bestimmt mal wieder mit.

Sachen gibt 's, die glaubt man nicht,
doch liegt vor mir jetzt ein Gedicht.

Erlkönig

Richtigstellung eines Sachverhalts

Ich saß mal so am Wegesrand,
der bei den Erlen sich befand.
Da kam ein Mann auf einem Pferd
mit seinem Sohn – bedauernswert.

Es schrie der Knabe nicht sehr wenig,
das störte mich – den Erlenkönig.
Ich wollt ihn trösten – er indessen
schrie weiterhin fast wie besessen.

Hab seine Schönheit hoch gelobt,
doch hat er nur ganz wild getobt.
Lud ihn sogar zum Essen ein,
doch hörte er nicht auf zu schrei' n.

Aus seinen Augen Angst ihm kroch.
So rief ich meine Töchter noch,
die sollten ihn mit Tanz erheitern.
Betrübt sah ich die Sache scheitern.

Ich hab ihn dann nur sanft berührt,
er hat es wohl auch kaum gespürt.
Er machte seine Augen zu,
vorbei sein Leben war im Nu.

Die Angst – der schlechteste Berater
trieb hastig weiter jetzt den Vater.
Der sah mich um den Sohn nicht trauern,
ich konnt die beiden nur bedauern.

Und Goethe hat in jener Nacht
noch ein Gedicht daraus gemacht,
in dem die Handlung so erstellt,
dass man mich für gespenstig hält.

Wir wollten doch dem Sohn nur helfen,
wir – die Verwandten von den Elfen.

Adams Einsamkeit

Und als der Adam so allein,
sah es der liebe Gott wohl ein:
Allein sein ist für jeden schwer,
drum musste eine Frau jetzt her.

Gott sprach zu Adam, er könnt geben,
ein Wesen, das in seinem Leben
ihm Freude bringt für jeden Tag
und alles macht, was er gern mag.

„Ein Wesen, was dich immer liebt
und alles, was du willst, dir gibt.
Es wird, so völlig ohne Stöhnen
dich täglich und auch nachts verwöhnen."

Was ständig ihn sehr gern betreut
und alles tut, was ihn erfreut.
Das wollte Adam liebend gern.
Alleinsein lag ihm völlig fern.

Drum fragte er, was er müsst geben,
um solch ein Wesen zu erleben.
Und Gott sprach: „Ich werd dir gern sagen,
was du für dieses Glück musst wagen.

Den linken Arm nehm ich dafür,
den rechten Arm, den lass ich dir,
doch sollst du noch ein Bein mir geben,
dann will ich dir dies Wesen weben."

Dem Adam wurde sichtbar flau.
Natürlich wollte er die Frau,
die ihm versüßt sein einsam Leben,
doch wollt er nur die Rippe geben.

Ein Fehler war 's – ihr wisst es alle,
denn Adam tappte in die Falle.
Das Wesen, das er da bekam,
ihm oftmals seinen Frieden nahm.

Das Leben

Ich bin das Leben und ich sage:
Es gibt sie manchmal, diese Tage,
an denen Zweifel in dir bohren
und jede Hoffnung scheint verloren.

Doch sieh dich einmal um im Garten,
wo viele schöne Dinge warten,
die Sonne strahlt, die Blumen blüh 'n,
das Gras, es grüßt so herrlich grün.

Die Schmetterlinge und die Bienen,
die unsre Pflanzen gern bedienen;
und unter jenem Weidenbaum
wächst mancher wunderbare Traum.

Die vielen Wunder der Natur,
sie bringen Lebensfreude pur,
was kann es Schöneres denn geben,
als zu genießen dieses Leben.

Ich halte alles hier zusammen,
mit meinen heißen Lebensflammen
drum wärm dich dran und nutze gut
den Wert von meines Feuers Glut.

Schlank sein

Ich tat für die Gesundheit viel,
denn abzunehmen war mein Ziel.
So nahm ich manches Mittel ein
um endlich einmal schlank zu sein.

Sehr vieles hab ich ausprobiert,
doch hat es nicht so funktioniert.
Ich war noch immer ziemlich fett,
ich fand das wirklich nicht sehr nett.

Dann hab der Werbung ich vertraut,
strich mir das Mittel auf die Haut,
was wirken sollte auf die Schnelle,
ich strich es fast auf jede Stelle.

Das tat ich täglich viele Wochen,
hat es auch oft nicht gut gerochen,
so hab ich dennoch durchgehalten,
um meine Schlankheit zu gestalten.

Doch was die Werbung auch verspricht,
am Besten ist, du glaubst ihr nicht,
so langsam packt mich auch die Wut.
Der Fettlöser war echt nicht gut.

Tierischer Streit

Auerhahn und Auerhuhn
hatten gerade nichts zu tun.
So überbrückten sie die Zeit
mit einem kleinen Ehestreit.

Der Hahn ließ seine Zähne sehn
und sprach: „Ich kann es nicht verstehn.
Sehr lang warst heute du beim Zeisig
und dabei ist der doch schon greisig."

Sie fragte drauf, wie er das meine,
sie war beim Zeisig nicht alleine.
Dabei schaut sie auf ihre Schenkel.
Er weiß ja nichts von Zeisigs Enkel.

„Und außerdem", so sprach sie gleich,
„warst du allein am Ententeich."
Die jungen Entlein in dem Garten,
die würden wohl auf ihn nur warten.

So ging der Streit noch ein paar Stunden,
dann hatte man ihn überwunden,
denn eigentlich hat man Vertrauen.
Das wollte man sich nicht versauen.

Man konnte sich ja alles sagen
und konnte alles hinterfragen.
Nur eins verheimlichte er ihr.
Er stand Modell mal für ein Bier.

Fliegende Teppiche

Fliegende Teppiche flogen ganz sacht
durch Geschichten von Tausendundeiner Nacht.
Ein preiswertes Flugzeug, man brauchte nicht tanken.
Um den Parkplatz machte man sich keine Gedanken.

Keine Werkstatt bei Pannen erforderlich war,
auch Verkehrsunfälle waren sehr rar.
Auf Ampeln konnte man verzichten,
Führerscheine brauchte man mitnichten.

Glaubt ihr etwa, das wäre nur Phantasie
und fliegende Teppiche gab es nie?
Dann schaue ich euch an – leicht verwirrt
und sage euch, dass ihr euch irrt.

Ich habe selbst so 'nen Teppich zu Haus,
der fliegt – demnächst mal bei mir raus.
Dafür kommt dann ein neuer rein,
dann kann ich ganz zufrieden sein.

Gedanken zum Advent

Advent, Advent,
die Zeit, sie rennt.
Kaum brennt das erste Kerzenlicht,
ist schon das neue Jahr in Sicht.

Der Weihnachtsbaum, kaum, dass er stand,
verschwindet überall im Land,
der Winter zieht jetzt schnell vorbei
und plötzlich haben wir schon Mai.

Das Frühjahr ist ganz angenehm,
das Wetter wird jetzt auch sehr schön
und eh' wir es so recht begreifen,
fängt alles ringsum an zu reifen.

Der Urlaub hat kaum angefangen
und ist ganz schnell ins Land gegangen,
es ist schon wieder Erntezeit.
Der Herbst macht sich im Lande breit.

Doch der bleibt uns nicht lange treu
und ist ganz plötzlich auch vorbei.
Kaum, dass wir uns vom Herbst getrennt,
da ist es wieder fast Advent.

Abschied eines Druckers

Ich druckte zuverlässig dir
sehr schön den Text auf das Papier.
Auch Fotodruck war jederzeit
für mich nur eine Kleinigkeit.

Egal, in welchem Blattformat.
Ich glänzte immer durch die Tat
und druckte sauber und sehr klar,
weil Qualität mir wichtig war.

Jetzt bin ich nur ein wenig krank,
vermisse nun von dir den Dank.
Der Druckkopf hat grad aufgegeben,
hat aufgehört in mir zu leben.

Ich hab gehofft, er wird ersetzt,
doch habe ich mich stark verschätzt.
Der Preis ist hoch, das ist wohl wahr,
Ersatzteile sind heute rar.

Nun stellst du – und das schmerzt mich sehr,
hier einen neuen Drucker her.
Der kleine Preis ließ dich erweichen
und ich muss meine Segel streichen.

Werd in Gedanken bei dir sein,
deine Entscheidung auch verzeih 'n.
Begreifen aber werd ich nie
die Wegwerf-Ideologie.

Droge Geld

Ist Geld denn wirklich, was gefällt,
was alles hier zusammenhält ?
Könnten wir wirklich nicht mehr leben,
würd es die Droge Geld nicht geben ?

Ich habe wirklich meine Zweifel
und glaub, das Geld erfand der Teufel,
der niemals würde es verwinden,
wenn wir statt Geld was Bessres finden.

Ich fände schlimm, wäre das Geld
das einzig Wahre auf der Welt.
Wie kann man jemals denn vertrauen
den Menschen, die auf Geld nur schauen ?

Kann man mit Geld denn alles kaufen ?
Zählt nur, dass die Geschäfte laufen ?
Was ist denn mit dem Denken, Fühlen ?
Soll man das auf die Seite spülen ?

Der Teufel kann darüber lachen,
kann unsre Habgier überwachen.
Er hat geschafft, all unser Denken
auf diese Droge Geld zu lenken.

Was würde er denn dazu sagen,
wenn wir ihn hin zur Hölle jagen ?
Für mich zählt Freundschaft und Vertrauen.
Auf diese Werte will ich bauen.

Zeitjagd

Sehr oft seh' ich die Zeit entflieh'n
und frage mich, wo will sie hin?
Sie könnte doch hier noch verweilen,
statt einfach so davon zu eilen.

Vielleicht würd' sie sich selbst gern setzen
und muss statt dessen ständig hetzen,
gejagt wie eine fette Beute
von einer riesengroßen Meute.

Die Zeit, sie hat es wirklich schwer,
denn viele rennen hinterher
und wollen sie sehr gern besitzen.
So kommt die Zeit ganz schön ins Schwitzen.

Drum hat sie selber keine Zeit
und tut mir wirklich richtig leid.
Es gibt auch Leute, die es wagen,
die Zeit ganz einfach totzuschlagen.

Engelsflügel

Ich kaufte ein paar Engelsflügel
und die probierte ich gleich aus.
Ich stellte mich auf einen Hügel
nicht weit entfernt von unserm Haus.

Dann hob zum Flug ich beide Arme
und stieß mich schnell vom Boden ab,
ich hoffte, dass sich Gott erbarme,
doch fiel ich nur den Berg hinab.

Ich fiel auch wirklich ziemlich tief.
Die Flügel trugen mich kein Stück.
Ich schreib jetzt einen bösen Brief
und schick die Dinger gleich zurück.

Flügel, mit denen man nicht fliegen kann,
die sind doch wirklich nicht viel wert.
Dreht sie doch einem andern an,
bei mir seid ihr da glatt verkehrt.

Falten

Hast du plötzlich ein paar Falten
wirst für schnell für alt gehalten.
Ärgerst dich vielleicht darüber,
und dein Blick ist schnell ein trüber.

Und du denkst vielleicht daran,
dass man Mittel nehmen kann,
um dagegen sich zu wehren
und die Falten zu zerstören.

Statt die Falten zu ermorden,
trag' sie doch so stolz wie Orden,
denn sie werden dem gegeben,
der viel geleistet hat im Leben.

Trennung

Mit uns beiden ist es aus,
doch mache ich mir gar nichts draus.
Ich hab mich überzeugen lassen,
dass wir nicht gut zusammen passen.

Wir beide müssen uns jetzt trennen,
ich könnt dir viele Gründe nennen,
der Hauptgrund aber ist Marie,
denn ich liebe nur noch sie.

Zwar fällt mir die Entscheidung schwer,
doch mag Marie dich nicht so sehr.
Sie meint, du wärst nicht gut für mich
und darum auch verlass ich dich.

Ich denk noch an die schöne Zeit,
und eigentlich tut es mir leid,
dass ich dich jetzt verstoßen muss,
doch leider ist mit uns jetzt Schluss.

Muss der Berührung dieser schönen
an meinen Lippen jetzt entwöhnen.
Ich werd es schaffen – jede Wette,
du – meine gute Zigarette.

Wolkenreise

Dem Alltagsstress mal zu entfliehn
und einfach mit den Wolken ziehn,
die still am Himmel sich bewegen,
das wär für mich ein großer Segen.

Problemen mal den Rücken kehren
und gegen Hektik sich zu wehren,
gedankenlos – den Wolken gleich
zu segeln in ein Träumerreich.

Man sollte sich die Zeit wohl gönnen,
das Denken abschalten zu können
und sich ganz einfach treiben lassen
mit Wolken, die ins Leben passen.

Der Autor stellt sich vor

Der Autor Detlef Heublein wurde am 04. 02. 1962 in Staßfurt geboren und wohnt und arbeitet in Erfurt. Seine Kindheit verbrachte er in dem schönen Harzer Städtchen Derenburg. Dort schrieb er auch seine ersten Gedichte und Kurzgeschichten. Von diesen frühen „Werken" ist allerdings fast nichts mehr erhalten geblieben, das Schreiben gab er auf, als es darum ging, sich im Berufsleben einzurichten.
Erst im Dezember des Jahres 2003 schrieb er für ein Forum ein Gedicht zum Jahreswechsel. Das Gedicht kam so gut an, dass er im Jahre 2004 weitere Gedichte schrieb. Seitdem gehört das Schreiben wieder zu seinen Hobbys. Seine Gedichte beschäftigen sich vorwiegend mit lebensnahen Themen, die er gern in witziger oder ironischer Form den Lesern zugänglich macht. Aber auch ernsthafte Themen dürfen dabei nicht fehlen. Bei seinen Gedichten verwendet er überwiegend den klassischen Reim und achtet auf einen gewissen Rhythmus, der das flüssige Lesen der Gedichte ermöglichen soll. Der Autor ist mit einigen seiner Gedichte inzwischen in mehreren Anthologien vertreten, wie beispielsweise in der Anthologie „Perlen der Poesie", die im Jahre 2006 erschien.

Inhalt **Seite**

Vorwort von Bernd Rosarius	5
Verlust und Ertrag	6
Dein guter Wegbegleiter	7
Geld wird abgeschafft	8
Augen	10
Brückenbauer	11
Der Winter	12
Blitzeiswarnung	13
Der Jäger	13
Ich kann nicht klagen	14
Himmel und Hölle	15
Musik	16
Der Schläfer	17
Eine ungewöhnliche Liebe	18
Gewonnen	20
Am Osterfeuer	21
Schonzeit	22
Willenskraft	23
Damals in Eden	24
Ein deutsches Gedicht	25
Dunkler Himmel	26
Ein teures Angebot	27
Farben	28
Fremdsprachen	29
Hexen und Teufel	30
Hausbau	32
Sonnenbaden	34
Backshop	35
Die Sache mit dem Kleiderschrank	36
Verlassen	39
Grillspaß	40

Inhalt   **Seite**

Traumhafter Urlaub	42
Eine Einladung	43
Einkaufsbummel	44
Hektik	45
Ein Raubtier	46
Sehnsucht nach Urlaub	47
Das Mädchen	48
Die große Liebe	49
Lebensraum Wasser	50
Ein neues Leben	51
Der ideale Chef	52
Erben der Erde	54
Essgewohnheiten	56
Enthüllung	57
Vor dem Vogelkäfig	58
Der arme Poet	60
Nach dem Vatertag	61
Am Skattisch	61
Der Ampelkontrolleur	62
Das fliegende Pferd	63
Erlkönig (Richtigstellung eines Sachverhalts)	64
Adams Einsamkeit	66
Das Leben	68
Schlank sein	69
Tierischer Streit	70
Fliegende Teppiche	72
Gedanken zum Advent	73
Abschied eines Druckers	74
Droge Geld	75
Zeitjagd	76
Engelsflügel	77

Inhalt	**Seite**
Falten	78
Trennung	79
Wolkenreise	80
Über den Autor	81